Direction de la publication :
Isabelle Jeuge-Maynart et Ghislaine Stora
Direction éditoriale : Agnès Busière
Responsable d'édition : Bethsabée Blumel
Mise en page : Nord Compo
Lecture-correction : Nord Compo
Illustrations : Thinkstock
Couverture : Valentine Antenni
Fabrication : Geneviève Wittmann

ISBN 978-2-03-594-244-9

Achevé d'imprimer en Espagne par UNIGRAF SL
Dépôt légal : août 2017
319626/02 - 11038439 – février 2018

PAPIER À BASE DE FIBRES CERTIFIÉES

LAROUSSE s'engage pour l'environnement en réduisant l'empreinte carbone de ses livres. Celle de cet exemplaire est de :
200 g éq. CO_2
Rendez-vous sur www.larousse-durable.fr

LES MINI LAROUSSE

Les 50 phrases à dire ou ne pas dire à son enfant

Natacha Deery
Lisa Letessier

LAROUSSE

21 rue du Montparnasse 75283 Paris Cedex 06

SOMMAIRE

LES ÉMOTIONS

LA CULPABILISATION

LA CONFIANCE EN SOI

RÈGLE 1

Arrête ou je vais te donner une bonne raison de pleurer !

Suppression de l'émotion et menace d'une douleur plus forte ne font pas bon ménage.

Si votre enfant pleure, c'est qu'il y a forcément une « bonne raison » pour lui. Les enfants, en particulier avant l'apprentissage (et la maîtrise) du langage, ont peu de moyens d'expression. Lorsqu'ils ne sont pas d'accord, ont peur, ont mal, sont en colère, sont frustrés, ils pleurent et ils crient.

Certes, nos sensibles oreilles sont parfois mises à rude épreuve, mais en voulant stopper les pleurs de votre enfant, vous ne ferez que les amplifier puisqu'il se sentira incompris, frustré donc il pleurera davantage ! Mauvaise stratégie !

En voulant lui interdire de pleurer, car vous estimez que lui refuser un cinquième bonbon n'est pas une raison de se mettre dans cet état, vous allez simplement lui enseigner qu'il n'a pas le droit de pleurer. Plus tard, il risquera de se mélanger dans ses ressentis et, par exemple, se mettra toujours en colère quand il sera triste, au lieu de pleurer.

VERBALISEZ AVEC LUI SES ÉMOTIONS !

- **Reprenons l'exemple du bonbon,** vous pouvez lui dire « je comprends que tu sois frustré car tu voudrais un autre bonbon mais, si je t'en donne encore un, tu risques d'avoir mal au ventre. Tu as le droit de pleurer, je te laisse tranquillement te calmer. »
- **Si votre enfant pleure de fatigue ou de colère,** vous pouvez lui dire « tu pleures car tu es fatigué, je comprends, tu vas bientôt aller faire dodo » ou encore « tu as le droit d'être en colère, je comprends que ce soit désagréable pour toi, mais si je t'interdis ça, c'est parce que... ».

À RETENIR

Il est important d'aider votre enfant à verbaliser ses émotions tant qu'il n'est pas capable de le faire lui-même.

T'es trop petit(e), t'as rien à dire.

Il existe de nombreuses variantes de cette phrase assassine…

… comme « *tu comprends rien, t'es trop jeune* » ; « *laisse parler les adultes* » ou encore « *tu répètes ce que t'a dit ta mère (ton père), t'as pas pu trouver ça tout(e) seul(e).* »

• **Interdire à un enfant de parler ou dévaloriser sa pensée ou ses idées** est extrêmement délétère pour l'estime de soi. Votre enfant, qui est en train de se construire tant d'un point de vue émotionnel, affectif qu'intellectuel, va grandir avec l'idée que ce qu'il dit ou pense n'a aucune valeur et ne peut être entendu. Lorsqu'il dit quelque chose d'important ou de pertinent, cela appartiendrait forcément à

quelqu'un d'autre et qu'il n'est donc pas suffisamment intelligent ou signifiant pour avoir sa propre pensée ou son mot à dire.

• **Tomber dans l'autre extrême n'est pas forcément non plus une bonne chose.** Laissez à votre enfant tout l'espace de parole ou lui permettre de couper la parole serait fâcheux pour sa capacité à intégrer les limites. Le laisser s'engluer dans des problématiques d'adultes qu'il n'est pas en âge d'assimiler pourrait également l'angoisser.

UTILISEZ LE BON DOSAGE

Apprenez-lui à respecter les espaces de parole de chacun, tout en lui laissant également un temps pour exprimer ses idées et ses ressentis. C'est indispensable pour qu'il puisse s'épanouir et se sentir entendu.

S'il s'agit d'une problématique d'adulte, comme des difficultés financières par exemple, répondez à ses questions, écoutez ses suggestions avec sérieux et rassurez-le sur votre capacité à gérer la situation pour qu'il ne s'en préoccupe plus.

RÈGLE 3

C'est comme ça, point final !

Votre enfant pose des questions, interroge vos décisions, et le verdict tombe, sans aucune explication !

Attention, les règles qui paraissent arbitraires et injustes sont difficiles à accepter, même pour les adultes. Pensez à certaines situations professionnelles et vous comprendrez mieux la frustration d'un enfant !

S'il n'est pas bon de tout partager ou de donner trop de détails, **il faut toutefois savoir donner des explications simples, qui correspondent à son niveau de développement**. Plutôt que de dire « tu dois te coucher à 7 heures, c'est comme ça ! », il vaut mieux expliquer simplement les bénéfices du sommeil.

SOYEZ DANS LE DIALOGUE !

C'est vous en tant qu'adulte qui posez les limites. Si l'enfant intériorise et comprend l'objectif de certains interdits, il y a plus de chance pour qu'il les respecte.

En donnant des explications simples, vous l'aidez à développer ses capacités de raisonnement, à comprendre la relation de cause à effet, alors qu'un « c'est comme ça » ne permet pas d'avancer !

ASTUCE

De nombreux livres pour enfants permettent, avec des mots simples, de faire comprendre les raisons de certaines règles de vie élémentaires : hygiène, sommeil, alimentation, etc. L'approche ludique, accompagnée d'illustrations, facilite la compréhension de ces questions.

Ce n'est pas grave !

Votre enfant vient de tomber ou s'est disputé avec une copine à l'école et rentre à la maison en pleurant. Vous essayez de le consoler, mais il n'arrive pas à se calmer.

Le fameux « ce n'est pas grave » que tous les parents utilisent à tour de bras est plein de bonnes intentions ! Votre enfant apprend à marcher et tombe pour la millième fois « ce n'est pas grave mon cœur, continue ». Votre enfant se trompe dans son dessin ou sa poésie « ce n'est pas grave chéri, recommence » et le pire de tous, votre enfant vous confie un problème avec une copine à l'école et là, vous lui dites avec le ton qui va avec : « bah, ce n'est pas grave chéri, passe à autre chose ! »

L'INCONSCIENT N'ENTEND PAS LA NÉGATION !

Et oui, mauvaise nouvelle. Lorsque vous tournez vos phrases de cette façon, l'inconscient de votre enfant n'entend que le mot « grave », ce qui va donc venir intensifier son émotion négative. De plus, le conscient, lui, va entendre la banalisation de ce qu'il ressent. Votre enfant va donc se sentir complètement incompris et non pris en compte dans son problème.

De cette phrase va donc ressortir : « c'est grave et maman s'en fout ! »

QUELQUES PETITES ALTERNATIVES :

- « **Cela va s'arranger.** »
- « **Sois rassuré.** »
- « **Je comprends que tu sois triste mais** je suis sûre que tu es capable de trouver une solution et je peux même t'aider si tu veux. »
- Et pour les bobos : « **Quelle cascade ! Maman va faire un bisou magique** sur le bobo pour faire partir la douleur maintenant ! »

À RETENIR

- Ne banalisez jamais.
- Évitez au maximum la négation.

Mais non, je ne suis pas triste, laisse-moi tranquille.

Votre enfant est une éponge, il a un méga détecteur de mensonges émotionnels mais, en fonction de son âge, n'a pas les capacités d'intégrer parfaitement l'information.

Lui dire que ce qu'il ressent n'est pas vrai, si ça l'est, ne fera que l'embrouiller dans ses perceptions. Il sentira que quelque chose cloche et qu'on ne lui dit pas la vérité.

Les enfants étant très égocentriques, il risque en plus de le prendre pour lui ! Lorsque l'on est triste, fâché ou angoissé pour des « histoires d'adultes », malgré toute sa bonne volonté, on ne peut pas toujours le cacher aux enfants.

Dans les cas de divorce par exemple, le parent quitté peut être profondément déprimé. Si votre enfant le remarque, il est important de valider sa perception tout en le soulageant de la responsabilité de votre émotion. « Oui, c'est vrai, je suis triste, mais ne t'inquiète pas, cela n'a rien à voir avec toi et ça va passer. »

NE MENTEZ PAS MAIS NE VOUS DÉCHARGEZ PAS NON PLUS !

Évidemment, il ne s'agit pas non plus de passer dans l'autre extrême et de raconter en long en large et en travers pourquoi vous êtes triste.

Vous êtes le pilier de votre enfant. De façon naturelle, votre enfant a besoin de vérifier que son pilier ne va pas s'écrouler et pourra toujours s'occuper de lui. Il est donc très insécurisant pour un enfant de voir son parent « faiblir », mais il est également indispensable qu'il puisse observer que chacun a le droit d'avoir des coups de mou, que ce n'est pas honteux et qu'il n'est donc pas nécessaire de mentir ou de le cacher.

À RETENIR

Si votre enfant a bien perçu votre émotion, parlez avec lui de son ressenti, déchargez-le de sa responsabilité et expliquez-lui sans vous répandre.

Les garçons/ les grandes filles ne pleurent pas.

Il existe malheureusement encore bien des familles où exprimer ses émotions représente une faiblesse.

Grandir avec cette idée peut malheureusement être très délétère à l'âge adulte. Les émotions sont incontournables. Pouvoir les ressentir et les exprimer est indispensable pour un bon développement psychologique et affectif. Nous sommes tous obligés de vivre avec nos émotions. Elles ne peuvent être évacuées qu'en étant exprimées.

Peut-être, que dans votre enfance, n'a-t-on pas pris en considération vos émotions, peut-être avez-vous vécu dans un contexte où vous n'aviez pas l'espace de les exprimer. Peut-être encore que vous avez vécu des traumatismes terribles comme une guerre et que vous estimez qu'il est déplacé de pleurer pour « si peu ».

Le fait d'éviter ou de s'opposer à une émotion ne fera que la renforcer. Les émotions non exprimées s'accumuleront jusqu'à ce que « le vase déborde ».

VIVE L'EXPRESSION ÉMOTIONNELLE !

Savoir exprimer ses émotions et apprendre à les gérer est donc une grande force. La majeure partie des courants psychothérapeutiques aide les gens à appréhender et ressentir leurs émotions.

- Encore une fois, la tentative de suppression émotionnelle n'est jamais une bonne idée. Laissez vos enfants pleurer, se mettre en colère, exprimer de la peur.
- Même si vous trouvez que votre enfant exagère, prenez le temps de comprendre la raison de ses larmes et de le réconforter.
- Évitez de dire : « tais-toi je ne veux plus t'entendre », il ne pleurera que davantage !
- Proposez plutôt une discussion ou des façons de canaliser ou accueillir les élans émotionnels.
- Commencez toujours vos phrases par « je comprends que... tu sois triste, en colère, que ça fasse mal... »

Arrête de me coller !

Votre enfant s'accroche à vous comme une moule à son rocher...

• **Votre enfant demande sans cesse des bisous** mais, vous, ça n'est pas trop votre truc les câlins... Vous n'êtes pas très tactile.

• **Nous naissons tous avec des besoins de contact.** Le toucher est le premier sens que le bébé développe pour appréhender le monde et, surtout, recevoir de l'affection et se rassurer. L'amour ne peut pas seulement se transmettre par des mots, il a besoin de se manifester par des gestes, des caresses, des bisous.

• **Si vous n'êtes pas tactile,** il est possible que ce soit parce que vos propres parents ne l'étaient pas (ou trop ?). En tout cas, que ce besoin fondamental de l'enfant autour de l'affectif n'ait pas été comblé de façon adaptée. Peut-être souffrez-vous de ce qu'on appelle un « schéma de carence affective ».

VIVE LES BISOUS !

Si vous n'avez aucun souci avec le tactile mais que votre enfant est vraiment très collant, lui dire simplement de vous lâcher les baskets peut être vécu comme un rejet.

Prenez le temps de lui expliquer que vous aimez beaucoup être avec lui, mais qu'il y a un temps pour tout. Un temps pour les bisous et un temps pour faire autre chose. Que, là, vous êtes en train de vous occuper du repas et que, tout à l'heure, vous prendrez le temps de faire un gros câlin avec lui.

Si votre enfant vous semble vraiment trop en demande et vous sollicite sans cesse, il faut peut-être creuser un peu plus et lui demander si quelque chose lui fait peur ou le rend triste. Ce « collage » intempestif peut être le signe d'un sentiment d'insécurité.

À RETENIR

- Rassurez votre enfant sur votre amour pour lui.
- Proposez-lui de reporter le moment câlin quand vous aurez fini ce que vous êtes en train de faire.
- Assurez-vous que ce besoin n'est pas le résultat d'une peur ou d'une tristesse.

À ton âge, on n'a plus peur de ça !

Rire, dénigrer ou se moquer de la peur d'un enfant ne le fera pas grandir plus vite. On grandit en comprenant mieux ses émotions.

Dire à votre enfant de 10 ans qu'il est trop grand pour avoir peur des fantômes sous son lit ne fera que cristalliser sa peur. En plus de ne pas être rassuré, il se sentira totalement seul et incompris.

Essayez tout d'abord de comprendre sa peur, il a peur de quoi ? Pourquoi ? Quel est le scénario catastrophe qu'il se fait ?

Aidez-le à exprimer sa peur et s'il n'arrive pas à le dire avec des mots, faites-lui dessiner. C'est un merveilleux exutoire pour les enfants.

Proposez-lui des stratégies pour combattre sa peur dans lesquelles il se sentira acteur de ce qui se passe et, évidemment, continuez à le rassurer en lui disant que ses parents sont là pour le protéger.

Mais, parle !

Votre enfant est submergé par une émotion : tristesse, peur, colère. Vous ne comprenez pas ce qui se passe et vous lui demandez des explications.

Vous insistez, mais en vain ! Il s'enferme dans le silence. La demande de verbalisation est une excellente démarche mais, selon les enfants et les situations, elle n'est pas toujours évidente. L'enfant lui-même ne comprend pas toujours exactement ce qui lui arrive et ne peut pas mettre de mots sur les causes de son état émotionnel. **Il est souvent bon d'attendre que les émotions soient moins intenses pour l'encourager à s'exprimer.**

Laissez-lui un peu de temps ! S'il ne parvient toujours pas à parler, pensez à des alternatives, faites-le dessiner ou écrire et utilisez ces supports pour engager le dialogue.

RÈGLE 10

J'ai tout sacrifié pour toi.

Culpabiliser son enfant n'est jamais la bonne solution. Il ne doit pas sentir qu'il porte le poids de sa propre vie.

IL NE VOUS A RIEN DEMANDÉ !

N'oubliez jamais que votre enfant ne vous a rien demandé et certainement pas de vous sacrifier pour lui. Si vous avez choisi de renoncer à certaines choses ou que vous avez subi ce renoncement, il est important de savoir que vous êtes seul(e) responsable de votre vie. Même si vous avez subi votre parentalité, vous restez décisionnaire de vos choix.

Au lieu de faire peser le poids de la dette et de la culpabilité sur votre enfant, prenez plutôt votre vie en main et autorisez-vous à prendre des moments pour vous ou à vous lancer dans un projet qui vous tient à cœur.

Lorsque vous prononcez cette phrase, votre enfant entend : « j'aurais préféré que tu n'existes pas, tu me dois tout et tu m'es redevable jusqu'à la fin de tes jours. » Bonjour la pression !

Votre enfant risque de se construire avec le sentiment d'être un poids et de devoir être redevable de l'amour que vous lui portez.

À RETENIR

- Ne culpabilisez jamais votre enfant de sa propre existence.
- Si vous vous sentez frustré, prenez du temps pour vous.
- Réfléchissez à ce que vous attendez de vos enfants et si cela est adapté.

Tu nous déçois.

Le fait de décevoir ses parents est terrible. Lorsqu'un enfant entend cette phrase, il se remet en question dans son intégralité et ressent une perte d'amour générale.

Une mauvaise note à l'école, un comportement inapproprié et votre enfant lit toute la déception dans votre regard. Il n'a pas été à la hauteur de vos attentes.

Mettre des limites à son enfant, lui signifier que vous êtes mécontent de tel ou tel comportement ou note à l'école est bien sûr indispensable. Veillez toutefois à critiquer un comportement et non votre enfant dans son intégralité.

LE « TU QUI TUE »

Par exemple, si vous avez découvert que votre enfant a menti ou volé **au lieu du « tu nous déçois », préférez : « le fait que tu aies menti/volé m'attriste, me met en colère car je sais que tu vaux mieux que ça.** Essayons de comprendre ensemble ce qui s'est passé et pourquoi tu as eu un tel comportement. »

Votre enfant pourra réfléchir à son comportement dans une attitude constructive au lieu de se braquer, paniqué par la perte d'amour qu'il ressent. Il apprendra à recevoir les critiques de façon constructive et non destructrice. Il ne ressentira pas de perte d'estime car il comprendra que vous rejetez l'un de ses comportements et pas lui dans sa globalité.

Rassurez-le sur votre amour malgré sa bêtise, il sera donc prêt à écouter « sa leçon de vie ».

À RETENIR

La règle du CESC (Comportement, Émotion, Solution, Compréhension) :

- Critiquez toujours un comportement et jamais une personne.
- Exprimez vos émotions, en quoi le comportement de votre enfant vous touche, sans le culpabiliser.
- Proposez une solution, une ouverture, un dialogue.
- Si vous punissez votre enfant, assurez-vous toujours qu'il a compris pourquoi il est puni.

Tu fais pleurer maman !

Que ce soit vrai ou non, le fait que votre enfant se sente responsable de vos maux n'arrangera jamais son problème et ne fera qu'augmenter son désarroi.

Le chantage émotionnel, que ce soit avec un adulte ou un enfant, n'est évidemment pas la meilleure des solutions.

Nos enfants nous font parfois pleurer de colère, d'épuisement ou d'impuissance, mais les faire culpabiliser pour tenter de les responsabiliser ne marche absolument pas. Nos enfants vont, en plus, penser qu'ils sont foncièrement mauvais et ils éprouveront de l'angoisse face à la peur de perte d'amour.

DEMANDEZ DE L'AIDE !

Si vous en êtes au stade où vous pleurez régulièrement à cause du comportement de votre enfant, il est temps d'aller demander de l'aide à un spécialiste.

Les parents d'enfant hyperactif vivent parfois un cauchemar quotidien. En réalité, hormis les enfants souffrant d'un réel trouble de la personnalité entraînant des défauts d'empathie, les enfants, et en particulier les enfants hyperactifs, culpabilisent déjà beaucoup à propos de leur comportement qu'ils ne peuvent pas maîtriser.

En utilisant la règle du CESC (voir p. 27), vous pouvez, par exemple, dire :

« Tu sais que je t'aime très fort, mais le comportement que tu as eu quand tu m'as frappé tout à l'heure m'a fait de la peine. Ton geste m'a fait mal. Je voudrais que l'on réfléchisse à une solution tous les deux pour que cela ne se reproduise plus jamais. Est-ce que tu comprends pourquoi cela ne doit pas se reproduire ? »

À RETENIR

- Commencez par rassurer votre enfant sur votre amour pour lui.
- Utilisez la règle du CESC [p. 27, règle 11].
- Si vous n'en pouvez plus, consultez un psychologue ou un psychiatre spécialisé.

Tu nous gâches la vie.

Sous le coup de l'énervement et de la fatigue, on peut parfois dire des choses qui dépassent notre pensée. Malheureusement, certaines phrases marqueront notre enfant au fer rouge.

QUAND ON N'EN PEUT PLUS...

- **Lorsque vous sentez que votre colère monte,** que vous êtes épuisé ou que votre patience est arrivée à sa capacité maximale, faites une pause et respirez !
- **Changez de pièce un moment,** appelez votre partenaire à la rescousse et, si vous en arrivez à penser (ou dire) ce genre de phrase, il est indispensable de faire appel à un psychologue pour enfant ou un pédopsychiatre.

Nos enfants, aussi mignons soient-ils, peuvent se transformer en monstres sortis d'un film d'horreur dont le thème est « je vais vous rendre fou et voir combien de temps vous tenez le coup ». On en arrive parfois à penser des horreurs nous-même.

• **Ne culpabilisez pas, cela est normal,** vous êtes humain ! Néanmoins, il est quand même préférable de ne pas faire de « passage à l'acte » verbal ou physique. Votre enfant se sentira rejeté et son comportement ne fera que s'aggraver.

« J'AIMERAIS POUVOIR T'AIDER »

Attendez simplement que votre enfant se calme et calmez-vous également. Reprenez ce qui s'est passé avec votre enfant. **Vous pouvez éventuellement lui dire « ton comportement est difficile en ce moment pour moi.** J'aimerais pouvoir t'aider et que nous puissions retrouver une ambiance apaisée à la maison. »

ASTUCE : LA TECHNIQUE DE RÉSOLUTION DE PROBLÈMES

1. Faites la liste des difficultés que vous rencontrez avec votre enfant.
2. Choisissez-en une.
3. Faites un brainstorming avec votre enfant pour trouver toutes les solutions envisageables.
4. Choisissez-en une et testez-la pendant 15 jours.
5. Faites un bilan au bout de 15 jours avec votre enfant.

RÈGLE 14

Ne laisse pas papa/maman tout(e) seul(e) !

« Ah bon, tu préfères voir tes copains plutôt que de rester avec maman ? » « Tu pourrais quand même rester avec ton père au lieu d'aller jouer au foot ! »

Le chantage affectif et la culpabilisation d'un enfant l'enferment dans un conflit intérieur entre le désir de liberté et celui de satisfaire son parent.

Le rôle d'un enfant n'est pas de prendre soin de son parent. Le seul moment où il n'aura peut-être pas le choix d'endosser ce rôle est lorsqu'il sera adulte et que son parent vieillissant ne sera peut-être plus capable de se gérer tout seul. Cette étape de changement de rôle à la fin de la vie d'un parent est déjà extrêmement douloureuse pour l'adulte qui le vit, alors vous imaginez les dégâts sur un enfant !

Votre enfant n'est pas votre doudou. Il n'est pas là pour soigner votre carence affective ou votre schéma d'abandon.

Si maman/papa te voyait !

Quand votre enfant a fait une bêtise, inutile de jouer la carte de la honte !

La honte provoque une blessure narcissique qui a avant tout un impact néfaste sans pour autant éliminer les comportements indésirables.

Si votre enfant a honte, qu'il se sent humilié, il risque de se refermer sur lui-même.

À l'inverse, comprendre son acte et ses conséquences sur autrui, **développer des conduites d'aide et d'empathie, est un apprentissage important pour l'avenir.**

CONCENTREZ-VOUS SUR LE COMPORTEMENT À NE PAS REPRODUIRE !

Expliquez donc à votre enfant, dans des termes qu'il peut comprendre, pourquoi il ne doit pas agir comme il l'a fait. Cherchez avec lui comment il peut « réparer » les choses, redresser ses torts et agir différemment dans l'avenir.

Ne te fais pas remarquer !

La peur du regard de l'autre n'est pas innée. Elle est acquise avec l'éducation, les interactions sociales, les événements de la vie.

Les enfants naissent avec une spontanéité naturelle. Ils n'ont au début aucune conscience de ce qui se fait ou ne se fait pas, de ce qui appartient à l'intime ou au public. C'est grâce à l'éducation qu'ils vont apprendre certaines limites.

Si votre enfant se met à danser dans la rue en écoutant un musicien et que vous ressentez une terrible gêne ; il se peut que ce ne soit pas votre enfant qui soit en train de faire quelque chose d'inadapté mais vous qui souffrez d'une timidité exacerbée, voire d'une phobie sociale.

EXPRIME-TOI MON ENFANT !

Le fait de dire à votre enfant de ne surtout pas se faire remarquer lui transmettra le message qu'il ne doit jamais faire de vagues et être le plus transparent possible. Il se sentira vite gêné quand, en groupe, l'attention sera portée sur lui.

Si votre enfant a vraiment un comportement inadapté en demandant par exemple très fort dans le bus si la grosse dame assise au fond a trop mangé de bonbons, expliquez-lui qu'il y a certaines choses que l'on peut dire devant les gens et d'autres non, car cela peut faire de la peine à celui qui les entend.

À RETENIR

- Encouragez votre enfant à s'exprimer en public.
- Riez avec lui et inspirez-vous de sa spontanéité et de sa fraîcheur.
- Posez-lui des limites s'il se met en danger ou s'il a un comportement inadapté.
- Réfléchissez à vos propres gênes.

Tu me fais honte !

Sentiment de rejet et honte de soi, voici le cocktail résultant de cette phrase qui va droit dans le cœur de votre enfant.

La première question à vous poser est : « qu'est-ce qui vous fait honte finalement ? » En fonction de votre réponse vous pourrez trouver la bonne façon d'expliquer à votre enfant ce qu'il a mal fait. Peut-être aurez-vous besoin d'utiliser la méthode CESC ou, peut-être, retomberons-nous sur la règle précédente.

Il est très important d'identifier précisément le problème, car cette phrase assassine risque de rendre votre enfant honteux vis-à-vis de certains aspects de sa personnalité et d'entamer sa confiance en lui. Il pourrait généraliser et se dire qu'il doit avoir honte de ce qu'il est.

Un enfant qui perd l'estime de ses parents perd l'estime de lui-même.

Tu es méchant(e).

Votre enfant vient de faire une grosse bêtise et, sous le coup de la colère, vous lui dites : « T'es méchant ! T'es vilain ! »

Vous l'avez compris, cette critique destructrice risque de lui faire penser que sa personnalité dans sa globalité est mauvaise.

« CE QUE TU AS FAIT N'EST PAS BIEN ! »

- **Dissociez toujours la personne de son acte,** jugez le comportement de votre enfant et non sa personne.
- **Faites-lui des critiques précises** et factuelles.
- **Expliquez-lui toujours pourquoi ce qu'il a fait n'est pas bien** et assurez-vous qu'il a compris.
- **Quand votre enfant s'est calmé, évitez de dire : « ça y est, tu es redevenu gentil ? »** ou « ça y est tu es redevenu ma princesse ? » Votre enfant va penser que vous ne l'aimez que quand il est calme.
- **Préférez :** « ça y est, tu t'es calmé ? »

Continue comme ça...

... et personne ne voudra de toi !

Menacer votre enfant d'abandon, de solitude et de rejet ne va pas l'aider à modifier son comportement. Il le conservera et pensera en prime qu'il ne mérite pas d'être aimé tel qu'il est.

RÉFLÉCHISSEZ À L'INSTANT PRÉSENT !

- **Assener une fatalité** ou proclamer des prédictions ne fera que diminuer l'estime de soi de votre enfant et ne l'aidera pas à modifier son comportement dans le présent.
- **Travaillez sur les conséquences de son comportement** à l'instant présent et essayez surtout de comprendre l'origine de celui-ci.
- **Renforcez les aspects positifs de sa personnalité et ses qualités.** S'il se sent accepté par vous, il sera beaucoup plus enclin à modifier ce qui ne va pas. S'il se sent rejeté, il partira du principe que c'est « foutu » et ne fera aucun effort pour que ça change.

J'aurai préféré avoir une fille/un garçon.

Dire continuellement à votre cadet à quel point vous auriez aimé avoir une fille risque de le mettre dans un état de culpabilité et d'impuissance.

Même si cela n'est pas votre intention, vous risquez de le rendre coupable de quelque chose sur lequel il n'a aucune action ! Il ne peut pas changer de sexe pour vous faire plaisir !

« QUELLE CHANCE J'AI DE T'AVOIR ! »

- **Vous n'aurez pas de fille (ou de garçon), il est temps de faire votre deuil.** Le répéter à votre enfant n'y changera rien du tout ! Valorisez-le plutôt sur ce qu'il est !
- Imaginez que vos propres parents vous aient répété continuellement à quel point ils auraient préféré avoir un garçon (ou une fille) au lieu de vous. Comment vous seriez-vous senti ?

T'es ridicule !

Être submergé par les émotions, cela nous arrive, à nous adultes, aussi ! Nous avons pourtant appris à les juguler.

Le cerveau d'un enfant n'est pas mature et les processus de gestion des émotions ne sont pas encore efficaces. Lorsque votre enfant réagit vivement à une situation qui vous paraît anodine, pensez à un événement qui vous a causé une émotion particulièrement forte et imaginez-vous ce qu'il ressent. Il n'a pas encore la capacité de recul suffisante pour réguler la tempête émotionnelle qu'il traverse.

Pensez à la façon dont vous auriez aimé être aidé. Vous comprendrez alors mieux la situation qu'il vit.

PRATIQUEZ L'ÉCOUTE EMPATHIQUE

Votre enfant a besoin de vous dans ces moments-là, surtout ne le rejetez pas !

- Au lieu de porter un jugement, **pratiquez l'écoute empathique,** parlez-lui calmement.
- **Aidez votre enfant à mettre des mots** sur ce qui se passe.

- **Montrez lui que ses émotions sont légitimes** et reconnaissez l'impact qu'un évènement peut avoir sur lui.
- **Nommez l'émotion,** cela le réconforte. « Je vois que cela te rend triste, je vois que tu as peur », etc.
- **Faites-lui dessiner ses émotions** pour en parler, essayez de lui faire dire dans quelle partie du corps il les ressent le plus vivement.
- **Lisez avec lui des livres** pour enfants portant sur les émotions.

Toutes ces techniques développeront ses capacités à prendre conscience de ce qui se passe en lui et à verbaliser. Votre enfant apprendra ainsi à mieux identifier et comprendre ses mécanismes émotionnels et à mieux les gérer, il améliorera ses habiletés sociales et deviendra un adulte plus équilibré, plus apte à surmonter les difficultés.

RÈGLE 22

Tu comprends rien, t'es bête ou quoi ?

Ces mots sont souvent prononcés lors d'un moment de frustration, mais ils ont un effet très destructeur à long terme.

Suggérer à un enfant qu'il est bête, c'est lui mettre une étiquette qui va lui coller à la peau. L'impact sur l'estime de soi peut être important et se manifester de façon insidieuse. L'enfant va intérioriser vos paroles.

Dans des moments de difficultés, il attribuera ses échecs à un manque de capacité, à une cause interne et immuable, au lieu de chercher des solutions et des stratégies différentes.

Soyez pédagogue ! Lui avez-vous bien expliqué les informations qu'il doit comprendre ? Utilisez un langage adapté à son niveau de développement, donnez des consignes simples et claires, posez-lui des questions pour vérifier s'il a compris.

Tu devrais montrer l'exemple !

Cette phrase est souvent dite à l'aîné d'une fratrie, mais elle est source d'une immense pression sur l'enfant.

Être l'aîné ne devrait pas signifier que l'on doit être parfait, alors que les frères ou sœurs plus jeunes bénéficient de toute l'indulgence !

Dans la mesure du possible, ayez les mêmes règles de discipline pour tous vos enfants, en tenant toutefois compte des différences d'âge. Soyez cohérent dans vos exigences.

Évitez les deux poids, deux mesures ! Cela suscite un sentiment d'injustice. Le « petit dernier » ne doit pas être le roi de la famille, alors que vous exigez de l'aîné un comportement irréprochable.

Vous pouvez plutôt mettre l'accent sur l'aspect positif et le rôle important que l'aîné peut jouer au sein de la fratrie.

RÈGLE 24

Les études, ce n'est pas pour toi !

Par ces mots, vous enfermez votre enfant dans une catégorie, vous lui enseignez que l'échec scolaire est inéluctable.

Les performances éducatives, les trajectoires scolaires, les rythmes d'apprentissage dépendent d'un grand nombre de facteurs.

Cherchez avant tout à comprendre la nature des difficultés que votre enfant rencontre en échangeant avec les enseignants, en consultant des spécialistes.

Faites le point de manière constructive. Ne minez pas la confiance de votre enfant, elle est sans doute déjà éprouvée par de mauvais résultats. En affirmant à votre enfant qu'il n'est pas « doué pour les études », vous renforcez son sentiment d'impuissance face aux difficultés et il y a de fortes chances pour

qu'il abandonne tout effort. Il n'apprendra pas à persévérer, ni à améliorer ses stratégies, ni à surmonter les épreuves.

ENCOURAGEZ-LE !

Il se peut de plus que votre enfant ait des capacités qui ne sont pas valorisées par l'école, mais qui lui permettent de trouver éventuellement une voie, de s'épanouir. **Aidez-le à développer des centres d'intérêt et à cultiver ses passions,** ils peuvent être de puissants moteurs et même catalyser les apprentissages scolaires.

À RETENIR

- Les difficultés scolaires sont dues à un grand nombre de facteurs complexes.
- Ne jugez pas, cherchez avant tout à comprendre et à trouver des solutions.
- Aidez votre enfant à développer des passions, à cultiver ses talents.
- Développez son sens de l'effort, encouragez-le à persévérer.

RÈGLE 25

Et les autres, ils ont eu combien ?

Si vous êtes constamment dans la comparaison, votre enfant aura l'impression de ne jamais pouvoir vous satisfaire.

Cela ne le motivera pas davantage, mais au contraire le découragera. Fixer des objectifs que votre enfant n'est pas en mesure d'atteindre à un moment de sa trajectoire ne l'aidera pas.

Les facteurs affectifs jouent un rôle majeur dans la motivation scolaire, et votre enfant, pour soutenir ses efforts, **a besoin de croire en sa capacité de réussir.** Il doit apprendre à améliorer ses stratégies pour y arriver, comprendre la valeur de l'effort et de la persévérance personnelle, sans se comparer aux autres.

Si les résultats de votre enfant sont satisfaisants, pourquoi comparer ? Chaque enfant a un rythme différent. Félicitez-le.

DONNEZ-LUI LE GOÛT D'APPRENDRE ET DE DÉCOUVRIR !

Faites des jeux qui stimuleront sa curiosité, faites-le participer à des activités « découverte », encouragez-le à développer ses propres centres d'intérêt, reconnaissez et valorisez ses efforts.

Un enfant qui prend progressivement conscience de ses propres capacités et de ses limites sans se comparer à d'autres est plus équilibré affectivement et peut trouver des voies de réussite. Les capacités des enfants ne sont pas statiques, elles sont, au contraire, dynamiques et modifiables.

À RETENIR

- Ne comparez pas votre enfant aux autres, cela ne l'aidera pas à réussir !
- Valorisez ses efforts et encouragez-le à trouver sa propre voie !

15 : c'est très bien mais...

... tu aurais pu mieux faire !

Lorsque vous placez un « mais » après un compliment, l'attention de votre enfant se focalise uniquement sur le négatif, au lieu du positif. Le renforcement positif est aussitôt perdu.

ENCOURAGEZ LE SUCCÈS, NE LE MINIMISEZ PAS EN ATTENDANT TOUJOURS PLUS !

Il est important de mettre en avant les réussites de vos enfants, afin qu'ils prennent confiance en eux et en leurs capacités. Avoir des exigences peut être positif, mais seulement jusqu'à un certain point.

Si vous focalisez tout sur la réussite académique, vous créerez un effet négatif qui mènera votre enfant à développer de l'anxiété de performance et a moins bien réussir par la suite.

Évaluez régulièrement vos propres exigences.

Tu deviens un élève médiocre !

Analysez la situation sous un spectre beaucoup plus large que celui des notes. Les difficultés scolaires ne sont pas le simple reflet de manque de capacités.

Attention à ne pas accabler votre enfant, lorsque ses notes baissent. Votre sanction ne fera qu'aggraver la situation, il risquera de s'enfermer dans le silence. Il y a beaucoup de raisons annexes qui peuvent affecter ses résultats scolaires, il faut bien évaluer la situation.

ESSAYEZ DE COMPRENDRE AVANT TOUT !

Est-ce que tout va bien à l'école ? Comment se sent-il socialement ? Aidez votre enfant à verbaliser. Essayez de voir avec lui comment vous pouvez l'aider. Écoutez-le avant de le juger et de lui coller une étiquette dont il aura du mal à se débarrasser !

T'es vraiment comme ton père/ ta mère !

S'il s'agit d'un compliment, rien de grave ! Mais, en général, ce type de remarque est une critique voilée.

Il s'agit en fait d'une critique et d'un rejet de votre enfant, mais aussi de l'autre parent. En tenant ce genre de propos, vous atteignez doublement votre enfant. Vous l'attaquez personnellement et vous l'attaquez dans ses liens avec l'autre parent et dans l'amour qu'il lui porte.

CONFLIT DE LOYAUTÉ

Votre enfant aura des difficultés à sortir du conflit de loyauté que vous lui imposez. De façon implicite, vous le forcez en effet à prendre position, à revendiquer ou non sa « ressemblance ». En faisant cela, vous le fragilisez psychologiquement. Vos paroles auront des conséquences préjudiciables à long terme quant à son estime de soi, sa construction identitaire, son équilibre relationnel.

RÉGLEZ VOS PROBLÈMES AVEC VOTRE PARTENAIRE, PAS AVEC VOS ENFANTS !

Soyez adulte et mature, abstenez-vous de faire des commentaires négatifs et d'évoquer une quelconque ressemblance avec l'autre parent. Que vous ayez des difficultés de couple, que vous soyez séparé ou divorcé, dénigrer l'autre parent ne résoudra pas vos conflits, mais aura des conséquences désastreuses pour vos enfants. Vous les mettez en danger, en tentant de dévaloriser l'autre parent.

Si vous n'arrivez vraiment pas à évacuer votre ressentiment et à adopter la neutralité souhaitable, mieux vaut consulter un spécialiste. Il vous aidera à surmonter vos difficultés et à préserver vos enfants.

RÈGLE 29

Tu ne peux pas être comme ton frère/ta sœur ?

Chaque enfant est distinct et unique.

Une fratrie peut être source de bonheur et de soutien, mais elle peut aussi devenir un enfer. Ne comparez pas vos enfants !

COMPARAISON N'EST PAS RAISON

Appréciez vos enfants pour leurs personnalités différentes, pour leurs talents, leurs forces et leurs faiblesses respectives. Ne les mettez pas dans des cases : le sportif, l'intelligent, l'artiste, etc. En faisant cela, vous les enfermez dans une catégorie et vous limitez leur potentiel, car ils risquent de se conformer à l'image que vous leur imposez !

Comparer vos enfants est particulièrement nuisible à l'équilibre de la fratrie et a un impact négatif à très long terme. Les comparaisons provoquent de la jalousie, des sentiments de rancœur, une mauvaise estime de soi, et les problèmes perdurent souvent toute la vie.

ENCOURAGEZ VOS ENFANTS À ÊTRE LA MEILLEURE VERSION D'EUX-MÊMES !

Nombre d'adultes consultent un psychologue pour des raisons liées aux relations toxiques dans une fratrie. N'en soyez pas l'origine, par vos remarques qui vous paraissent a priori innocentes !

Au contraire, encouragez-les à être eux-mêmes et pas la copie de leur frère ou sœur. Leurs relations affectives seront plus fortes et ils deviendront des adultes plus épanouis si vous les respectez dans leurs différences.

À RETENIR

- Il faut absolument éviter les comparaisons dans une fratrie !
- Les comparaisons risquent d'empoisonner les relations entre vos enfants tout au long de leur vie.
- Encouragez chacun de vos enfants à développer son propre potentiel.

On ne va pas s'en sortir !

Vous avez des difficultés financières qui provoquent chez vous de l'anxiété, voire de l'angoisse.

Vos enfants n'ont aucun pouvoir pour redresser la situation, il ne faut donc pas leur donner trop de détails sur l'état de vos finances, cela envoie le message que vous ne contrôlez pas la situation et cela peut leur faire peur.

Il ne faut cependant pas les surprotéger, et faire comme si rien n'avait changé, le stress que cela vous causera gagnera bientôt vos enfants.

En revanche, il va falloir expliquer clairement, calmement, avec confiance et sans donner de détails, que la situation actuelle exige de modifier certaines habitudes, pour réduire les dépenses et revenir à l'équilibre.

PRENEZ LE CONTRÔLE, DE FAÇON PROACTIVE !

Ne tenez pas de propos anxiogènes ! Présentez les choses de façon positive.

- **Par exemple, plutôt que de dire :** « on ne va plus pouvoir dîner au restaurant », dites : « on va cuisiner à la maison, tu as des idées de plats à préparer ? » Impliquez et responsabilisez vos enfants, sans les inquiéter.
- **Ne dites pas : « Non, mais ça va pas, je n'ai pas les moyens de t'acheter ces chaussures »,** dites : « on a un budget de 30 euros pour des chaussures, tu peux choisir. »
- **Expliquez calmement à vos enfants qu'il y a des choix prioritaires.** Apprenez-leur à attacher de l'importance aux moments partagés, plus qu'aux objets achetés.

En faisant cela, vous leur apprenez aussi la valeur de l'argent et vous les préparez mieux à une gestion intelligente quand ils seront adultes.

Fais attention, tu vas te faire mal !

Vous voulez tout naturellement protéger votre enfant, lui apprendre à ne pas prendre de risques excessifs ?

La responsabilité d'un parent est de guider l'enfant dans ses prises de décision, de lui expliquer les dangers, mais sans projeter d'anxiété sur lui.

TENEZ UN DISCOURS RATIONNEL

Il est important d'avoir un discours réaliste, rationnel et non anxiogène, de ne pas tenter de surprotéger votre enfant.

La peur est une réaction normale face à une menace directe, l'anxiété est une réponse à une impression de danger. L'anxiété peut devenir chronique, susciter toutes sortes de pensées irrationnelles et conduire à des stratégies d'évitement et de dépendance excessive envers les parents.

SOYEZ UN MODÈLE POUR VOTRE ENFANT

Apprenez-lui à évaluer progressivement les dangers et à raisonner. Laissez-le expérimenter certaines choses par lui-même, alors qu'il bénéficie de votre guidage, de votre soutien et de votre attention.

Laissez-lui petit à petit de plus en plus d'autonomie, jusqu'à ce qu'il puisse se débrouiller seul. Cela lui donnera confiance en lui, diminuera sa dépendance envers vous et augmentera son estime de soi.

À RETENIR

Dans certaines situations, prévenez-le. Dites plutôt : « attention, tu risques de » plutôt que « tu vas... »

Ne fais jamais confiance aux autres.

Votre enfant doit effectivement apprendre à mettre en place des barrières sociales avec les inconnus.

Cependant, il ne faut pas lui laisser penser que chaque personne est mal intentionnée. Si vous exprimez sans cesse votre méfiance, si vous le mettez en garde de façon trop insistante, votre enfant deviendra suspicieux envers les autres et aura des difficultés à établir des relations saines.

La confiance s'accorde en fonction des situations et des circonstances que l'on doit apprendre à évaluer tout au long de la vie. Il ne s'agit pas de donner sa confiance aveuglément, ni de la refuser systématiquement, mais plutôt de comprendre et analyser les situations différentes, d'apprendre à exercer son jugement.

APPRENEZ-LUI À ÉVALUER LES RISQUES !

Il faut trouver un bon équilibre et savoir quand et comment faire confiance ou rester sur ses gardes.

Pour aider votre jeune enfant, vous pouvez lui montrer ou jouer des scénarios sociaux avec lui, afin qu'il puisse mieux distinguer les contextes et les circonstances.

• Exemples : « Qu'est-ce que tu fais si une personne inconnue te propose de t'emmener dans sa voiture ? »

• « Qu'est-ce que tu fais si un copain de classe te ment tout le temps ou ne te rend jamais les affaires que tu lui prêtes ? »

À RETENIR

En variant les questions et les situations, aidez votre enfant à verbaliser, et à expliquer pourquoi il réagirait différemment selon les circonstances et les personnes. Vous lui apprendrez à développer progressivement ses capacités à juger par lui-même, une clé pour son équilibre actuel et à venir !

La vie est dure !

Parce qu'ils n'ont ni l'expérience vécue, ni la maturité d'un adulte, les enfants adhèrent aux convictions de leurs parents.

Les enfants ont tendance à intégrer les messages parentaux. il faut en fait casser ce schéma et les laisser interpréter la vie par eux-mêmes.

L'enfance est un moment précieux ! Préservez-la. Une enfance sereine et épanouie est un passeport solide pour préparer à la vie d'adulte et à ses inévitables difficultés. Dans la mesure du possible, préservez votre enfant des problèmes graves.

Ne lui ôtez pas trop tôt son insouciance. Si vous avez eu des expériences négatives au cours de votre vie, cherchez des solutions pour modifier votre attitude. Ne déversez pas votre amertume sur votre enfant !

Cultivez une passion, pratiquez un sport ou la méditation, et prenez du recul sur vos propres expériences de vie.

Fais ce que tu veux, je m'en fous.

Il a fini par nous avoir à l'usure.

On baisse les bras, on veut juste la paix, alors de dépit, les yeux cernés, même si ça fait plusieurs fois qu'on a dit « non » à notre bambin, on craque. Tant pis. **Vous vous dites que probablement votre enfant a gagné. En réalité, il a perdu.**

Il a perdu des limites. Votre petit a probablement testé votre résistance, mais le fait de voir que vous avez cédé, malgré l'apparente satisfaction qu'il affiche, l'insécurise. Il se dit que ça y est, vous avez laissé tomber mais, surtout, vous l'avez laissé tomber lui.

COURAGE, FUYONS !

Si vous n'en pouvez plus, **faites appel à un tiers (maman, papa, oncle José, etc.)**. Allez respirer 30 secondes et revenez. Il se peut également que votre enfant n'ait, en fait, pas compris le but de la consigne. Il est parfois très utile d'arrêter de se battre, de se poser avec lui et, simplement, le lui demander.

T'es sûr de vouloir en reprendre ?

Les repas doivent être un moment de retrouvailles, d'échanges et de convivialité, pour permettre le développement d'un comportement alimentaire sain et équilibré.

Vos intentions sont sûrement celles de maintenir votre enfant en bonne santé, mais attention à ne pas projeter vos inquiétudes concernant votre ligne sur lui ou elle.

Si vous n'avez pas réglé vos problèmes avec votre propre corps, si vous faites une fixation sur les régimes, votre enfant risque aussi de développer une attitude ambivalente par rapport à la nourriture. Il se sentira coupable, peut-être même honteux lorsqu'il a faim.

MISEZ SUR UNE ALIMENTATION ÉQUILIBRÉE POUR TOUTE LA FAMILLE !

Il vaut mieux laisser de côté tout discours négatif. **Ciblez plutôt une hygiène de vie saine, une alimentation équilibrée et des activités sportives.**

Si votre enfant a un gros appétit et que cela vous inquiète, ne mettez pas les plats sur la table, apportez les assiettes avec des portions déjà servies. Il n'y aura pas de tentations ! Trouvez des recettes saines, mais ludiques, dans des livres pour enfants, pour lui apprendre à apprécier les légumes, par exemple.

ASTUCES

N'imposez pas de restrictions ou de régime à votre enfant, s'il est un peu rond. Proposez-lui des quantités d'aliments peu caloriques en entrée, surveillez son indice de masse corporelle (IMC, le poids divisé par le carré de la taille) avec son médecin traitant.

Tu ne crois pas que t'es déjà assez gros ?

Les enfants ne sont pas tous programmés de façon à être conformes aux normes esthétiques véhiculées par les médias, c'est-à-dire avec un corps mince et filiforme.

Aimer son corps, même s'il ne correspond pas aux standards, est important. L'estime de soi et le rapport au corps se construisent au travers du regard et des propos des autres. Si votre enfant a un problème de surpoids, les commentaires ne font que le stigmatiser et peuvent induire une relation toxique à la nourriture

PAS DE CULPABILISATION EXCESSIVE

Culpabiliser indirectement votre enfant lui fera ressentir un fort sentiment de honte. Or, il ne doit pas développer une préoccupation excessive pour la nourriture, mais apprendre à apprécier une alimentation équilibrée, ainsi qu'en comprendre les bénéfices.

Il est difficile pour lui de se projeter en terme d'évolution corporelle. C'est à vous de surveiller cela, mais de façon discrète, en vous abstenant de faire des remarques désobligeantes. Elles seraient en effet très nocives et ne feraient qu'aggraver la situation.

ÉVALUEZ LA SITUATION DANS SON ENSEMBLE !

Y a-t-il une problématique derrière ? **Faites attention aux mécanismes de compensation avec la nourriture. Ils peuvent être une réponse à un mal-être, à une anxiété, à l'ennui, à la tristesse.**

Est-ce que son indice de masse corporelle grimpe rapidement ? Si c'est le cas, il va falloir consulter un spécialiste et aider votre enfant à s'engager dans une démarche d'éducation alimentaire et d'hygiène de vie sur le long terme. Cela doit se faire sans stigmatisation, sans imposer de réelles privations et en impliquant toute la famille.

Fais attention, tu vas encore grossir !

Il est important de ne pas projeter ses angoisses alimentaires sur les enfants.

L'enfant ressent les tensions et les « absorbe », y compris le rapport des parents à la nourriture.

Si vous faites un régime, gardez-le pour vous. Si votre enfant vous voit toujours monter sur la balance ou faire des commentaires négatifs sur votre poids, il peut développer une image corporelle négative. Accabler votre enfant ne l'aide aucunement.

Ayez de la nourriture saine à disposition, valorisez l'activité physique, les marches après le repas, etc. Faire des commentaires sur le poids de votre enfant ne ferait qu'amplifier son inquiétude et atteindre son estime de soi.

Votre rôle est de guider ses choix alimentaires, pas de parler de régime, mais de bien-être et de santé.

UN SOUTIEN ACTIF !

• **Adoptez une démarche impliquant toute la famille.** Lancez-vous dans des recettes de cuisine savoureuses mais légères, vous en trouverez facilement dans des livres ou sur les sites Internet.

• **Fixez-vous des objectifs,** pour apporter progressivement les changements nécessaires. Introduisez de la diversité dans l'alimentation familiale, surveillez l'équilibre entre les différents aliments.

• **Veillez** au respect des heures de repas, n'encouragez pas le grignotage.

• **Valorisez l'activité physique,** les marches après le repas, etc. Votre enfant prendra des habitudes de vie saine, qui perdureront sans doute tout au long de son existence.

À RETENIR

Une approche « santé et bien-être » pour toute la famille est un investissement durable, qui vous apportera autant qu'à votre enfant !

Mange ça, t'as pas le choix !

Forcer un enfant à manger un aliment peut provoquer un climat de tensions lors du repas et susciter nombre de blocages.

- L'enfant doit découvrir les saveurs et exprimer ses goûts.
- Demandez-lui de goûter d'abord.
- Apprenez-lui à découvrir un large éventail de saveurs afin d'éviter la crainte des nouveaux aliments par la suite.
- Goûtez à tout et mangez de nombreux aliments différents, il y a plus de chances qu'il en fasse autant.

DONNEZ-LUI LE CHOIX : « TU PRÉFÈRES LES HARICOTS OU LES CAROTTES ? »

Si vous le forcez à manger quelque chose qu'il déteste absolument, la contrainte risque de créer un rejet durable. **Tout est une question d'équilibre : votre enfant a le droit de ne pas aimer certains**

aliments (les choux de Bruxelles, les endives, par exemple), si le reste de son alimentation est variée, il n'y a pas d'inquiétude à avoir.

S'il refuse systématiquement un type d'aliment (les légumes, la viande), il va falloir user de créativité !

Éveillez les sens de votre enfant en le faisant participer à la cuisine et verbaliser ses sensations au fur et à mesure. Impliquez votre enfant dans certaines préparations culinaires simples, faites-lui décrire les couleurs, les odeurs, les textures, choisir la présentation. Cet éveil sensoriel lui permettra de développer une meilleure appréciation de la nourriture.

ASTUCE

Pour faire aimer les légumes à votre enfant, usez de votre imagination, soyez créatif. Une présentation amusante, des mélanges de légumes de différentes couleurs avec des pâtes ou du riz, des purées multicolores ont plus de chance d'être appréciés !

Ne te marie jamais !

Vous avez vécu une histoire de couple difficile ou douloureuse.

Vous avez peut-être perdu confiance en la possibilité d'être heureux à deux. Pourquoi transmettre cette désillusion à votre enfant avant même qu'il ne fasse son expérience ?

Cette injonction risque de perturber grandement votre enfant dans sa vision du couple et entraîner chez lui une croyance restrictive telle que « tous les couples finissent mal » ou « être en couple n'amène que du malheur ».

Laissez votre enfant faire sa propre expérience et ne lui communiquez pas votre cynisme concernant l'amour. Il risque de développer non seulement une phobie du mariage, mais une angoisse de la relation et de l'engagement amoureux dans sa globalité.

MON EXPÉRIENCE N'EST PAS UNE GÉNÉRALITÉ !

Vous souhaitez que votre enfant réussisse à construire une vie heureuse avec quelqu'un. Il est donc important de lui expliquer que, même si vous, vous avez été déçu par votre union, votre histoire ne sera pas forcément la sienne, car le couple qu'il (elle) formera sera différent du vôtre.

Par ailleurs, votre enfant risque de croire que vous regrettez également d'avoir construit une famille. Il s'intègrera donc dans ce rejet. **Il est donc important de rassurer votre enfant sur le couple et la capacité de l'être humain à rebondir après une déception amoureuse.**

À RETENIR

- Ne projetez pas votre expérience sur vos enfants.
- Évitez de leur inculquer des généralités.
- Expliquez-leur que tous les couples ne sont pas comme le vôtre.
- Permettez-leur d'avoir leurs propres idées sur le sujet.
- Rassurez-les sur leur capacité à construire un couple sain.

RÈGLE 40

Ne te tripote pas, c'est dégoûtant !

La découverte de la sexualité est une étape très importante chez les enfants. Il est donc essentiel d'aborder cette thématique avec délicatesse.

À partir de 3 ans (et parfois même bien avant), l'enfant va commencer à explorer les sensations qu'il éprouve quand il touche son sexe. Évidemment, il n'a ni intention consciente ni compréhension de la sexualité.

Simplement, c'est pour l'enfant quelque chose de l'ordre du « tiens, c'est rigolo quand je me touche là ça me fait une sensation ». Il commence à découvrir et à s'approprier son corps.

RESTEZ SUR VOTRE QUANT-À-SOI !

Il est très important de ne pas diaboliser cette découverte sexuelle qui pourrait plonger votre enfant dans une sorte de plaisir coupable. Lui transmettre également que « le sexe, c'est sale » pourra avoir des conséquences sur son futur épanouissement sexuel.

Il est, en revanche, indispensable de lui expliquer qu'il a le droit de se toucher le zizi, mais seulement quand il est tout seul dans sa chambre, car cela fait partie de son intimité et de son jardin privé. Vous pourrez d'ailleurs en profiter pour lui expliquer que lui seul a le droit de décider qui touche son zizi et que personne n'a le droit de le toucher s'il n'est pas d'accord.

Si vous êtes mal à l'aise avec cette thématique, n'hésitez pas à faire appel à votre conjoint.

Il peut être également intéressant d'interroger vos propres croyances à ce sujet et ce que vous souhaitez transmettre à votre enfant.

À RETENIR

- Ne diabolisez pas ce moment de découverte.
- Invitez votre enfant à s'explorer plutôt dans l'intimité de sa chambre.
- Profitez de ce moment pour lui expliquer que son corps lui appartient.
- Montrez-lui que le sexe n'est pas un sujet tabou.
- Répondez toujours à ses questions en adaptant le vocabulaire à son âge.

Profites-en bien, ça ne va pas durer !

Méfions-nous de l'anticipation négative, du pessimisme contagieux, de l'anxiété transmise ou encore du malheur programmé.

Que signifie cette phrase si elle est répétée continuellement ? À l'heure de la psychologie positive et de la thérapie par la pleine conscience, il est bon d'enseigner à nos enfants de profiter de l'instant présent, dans l'ici et maintenant, sans jugement.

PROFITES-EN !

La capacité de vivre l'instant présent, d'observer avec délectation toute chose nouvelle, de répéter des expériences comme si c'était la première fois à chaque fois est en réalité une capacité innée.

Malheureusement, cette capacité se perd en grandissant et c'est pourquoi de plus en plus de thérapies, dont la méditation de pleine conscience, nous aident à retrouver cette faculté.

Quel dommage donc de ne pas aider nos enfants à conserver cette faculté d'optimisme sous prétexte de réalisme ou de pensées comme : « la vie est dure, le bonheur est éphémère ; le plus tôt il l'apprendra, le mieux ce sera. »

APPRENEZ À VOTRE ENFANT LES ÉMOTIONS POSITIVES

Aidez son enfant à « engranger » les instants de bonheur développera ses pensées et émotions positives. Il sera donc plus armé pour affronter les difficultés de la vie. Il aura appris à se ressourcer au travers de petits instants agréables qui passent inaperçus pour ceux tombés dans le fonctionnement automatique de l'âge adulte.

Le cerveau fonctionne comme un muscle, plus vous l'habituez à penser négativement, plus les réseaux négatifs seront forts. Mais, bonne nouvelle, ce mécanisme fonctionne en sens inverse pour la pensée positive !

Prenez le temps avec votre enfant de savourer les goûts, d'observer les couleurs, de toucher, d'écouter de la musique agréable. Aidez-le à développer ses sens et à observer ses sensations.

Dépêche-toi !

« Dépêche-toi » va contribuer à faire perdre à notre enfant sa capacité de profiter de l'instant présent.

On se lève tôt pour tout préparer, on doit emmener notre cher petit à la crèche ou à l'école, puis courir au boulot. Malheureusement, ce matin, notre petite merveille a décidé qu'il ne voulait pas s'habiller ou qu'il voulait se délecter de sa tartine miette par miette.

On voit l'heure tourner, la fatigue aidant, on commence à s'impatienter, le stress monte avec le niveau de tension, et on se met à râler sur notre petit, car il ne va pas aussi vite que l'on voudrait.

PRENDS DONC TON TEMPS !

Plus vous allez dire à votre enfant de se dépêcher, plus cela va le stresser, et moins il se dépêchera. Il va observer maman ou papa courir, râler, et va

« apprendre » que la vie d'adulte, ce n'est vraiment pas cool !

La solution est de lui apprendre à bien s'organiser tout en prenant son temps.

- Observer le rythme naturel de votre enfant et essayez de vous y adapter au maximum.
- Prenez exemple sur lui ! Puis cadrez votre organisation, c'est-à-dire proposez-lui tant de temps pour faire telle chose.

QUELQUES ASTUCES

- Levez vous 30 minutes plus tôt le matin pour ne pas avoir à courir.
- N'enchaînez pas les activités, il vaut mieux faire moins de choses mais mieux.
- N'ayez pas peur que votre enfant s'ennuie, cela fait partie de sa construction psychique, il en a besoin !
- Si votre enfant a vraiment du mal à se repérer dans le temps, faites un planning détaillé que vous collez sur le frigo : 9 h-9 h 45/ petit dej, 10 h-10 h 30/ douche, etc.

Surtout, n'aie pas d'enfant !

Dire à son petit qu'il ne faut surtout pas avoir d'enfants revient à lui dire qu'on n'aurait pas dû l'avoir, qu'il est un boulet et que sa seule existence nous gâche la vie !

Vous pensez que vous avez eu vos enfants trop tôt, que, finalement, vous n'étiez pas fait pour être parent ou vous avez dû renoncer à votre carrière professionnelle pour élever vos enfants ?

Vous vous sentez coincé dans votre vie, et bien que cela puisse être difficile et douloureux, votre enfant, lui, n'a rien demandé. Il est là et lui faire payer sa seule existence est tout simplement destructeur.

Assumez vos choix ! Ne faites pas payer à votre enfant votre frustration et allez plutôt en parler à un psy afin de trouver un équilibre de vie qui vous convienne et vous épanouisse.

Si tu ne fais pas ça...

...je ne t'aimerai plus !

Menacer votre enfant de lui retirer votre amour s'il n'obéit pas à une requête est une très mauvaise stratégie, même si vous adoptez un ton léger.

Apprendre à votre enfant que votre amour dépend de son obéissance n'est pas une bonne leçon de vie.

Le rôle d'un parent est d'aimer, de guider, de discipliner son enfant et de le préparer le mieux possible pour la vie adulte. Prétendre rejeter son enfant ou lui faire du chantage est une mesure inefficace et anxiogène. Elle pourrait le rendre incapable de dire non aux autres à l'avenir, par crainte de ne pas être apprécié.

Aidez votre enfant à développer ses capacités d'empathie ! Expliquez-lui plutôt l'impact du non-respect des règles sur les autres, aidez-le à se sentir gratifié lorsqu'il fait preuve de bonne volonté.

Papa et maman se séparent…

…mais ça ne changera rien pour toi !

On le sait, aujourd'hui, en France plus d'un mariage sur deux finit par un divorce. La séparation des parents est donc devenue d'une banalité affligeante, mais n'en est pas moins douloureuse pour le couple et l'enfant qui le vit.

Dire à un enfant que le fait que ses parents se séparent ne changera rien pour lui est tout simplement un mensonge. Il ne verra plus ses parents ensemble, il aura peut-être deux maisons, parfois même deux villes. Tout son équilibre familial va donc être bousculé !

PAPA ET MAMAN SERONT TOUJOURS LÀ POUR S'OCCUPER DE TOI !

- Il est important de dire à votre enfant que vous comprenez qu'il soit triste ou en colère.
- N'essayez pas de banaliser ce qui se passe, soyez, au contraire, en empathie et en résonance avec ses émotions.

• **Rassurez-le** plusieurs fois sur l'amour de ses deux parents et, surtout, sur le fait que la séparation n'est pas de sa faute.

• **Vous pouvez lui dire que papa et maman ne s'aiment plus comme des amoureux,** mais que, lui, vous l'aimez toujours pareil. Que l'amour entre adultes peut changer, mais l'amour pour son enfant, lui, est immuable quoi qu'il arrive.

• **Laissez-lui le temps d'intégrer l'information.** Essayez de ne pas mentir, car votre enfant le sentira. Si votre ex vous a trompé, expliquez-le à votre enfant. Cela évitera de transmettre à votre enfant votre colère ou votre peine.

Vous pouvez, par exemple, dire : « Papa ne m'aime plus comme une amoureuse. Il est tombé amoureux de quelqu'un d'autre. Tu te rappelles, toi, quand tu étais amoureuse de Paul et qu'après tu ne l'étais plus et que tu préférais Marc ? »

Papa/maman nous a abandonnés.

Votre partenaire vous a quitté et votre douleur est au-delà du supportable...

Que ce soit réel (votre conjoint a réellement disparu de la circulation) ou non, il est important de ne pas faire porter votre peine à votre enfant. Lorsque l'on souffre et qu'on est en colère, préserver l'image de l'autre est l'une des choses les plus difficiles à faire et demande une force incroyable.

Dites-vous que vous ne le faites pas pour celui qui est parti mais pour votre enfant. En détruisant l'image de l'autre parent, vous détruirez une partie de votre enfant.

PAPA M'A QUITTÉE MOI, IL NE T'A PAS QUITTÉ TOI !

Monter son enfant contre celui qui est parti ou le faire compatir à votre douleur ne fera que le plonger dans un conflit de loyauté très compliqué pour lui.

Il sentira, par loyauté pour vous, qu'il devra détester ce parent alors qu'il n'en a pas envie. Il vous reprochera certainement plus tard de l'avoir mis dans cette position.

Soyez patient, si vraiment votre ex s'est mal comporté, votre enfant s'en rendra compte plus tard. Laissez-lui se faire sa propre opinion quand il sera en âge de le faire. Il ne vous en sera que plus reconnaissant d'avoir tenté de maintenir une image positive de son parent, malgré votre souffrance. N'intensifiez pas son sentiment d'abandon par le vôtre. Il n'est pas capable de gérer votre souffrance. C'est votre enfant, pas votre psy !

INDISPENSABLE : NE PARLEZ JAMAIS MAL DE L'AUTRE PARENT

Quelles que soient les difficultés que vous avez ou avez eues avec votre partenaire, votre enfant n'est pas votre confident. Il est important dans la mesure du possible de préserver l'image qu'il a de son parent et de lui éviter un douloureux conflit de loyauté.

RÈGLE 47

Tu diras à ton père/ ta mère que...

Votre enfant n'est ni un messager, ni un médiateur.

Si vous avez quelque chose d'important à dire à votre ex-conjoint, s'il y a problème ou conflit, n'essayez pas de passer par l'intermédiaire de votre enfant, vous le mettez dans une situation très difficile et le placez potentiellement au cœur d'un conflit dont il n'est pas responsable.

En tentant de régler indirectement vos comptes avec votre ex-conjoint, vous imposez à votre enfant un terrible fardeau.

- Il risque d'être déchiré par ses sentiments de loyauté et par son amour envers chacun de ses parents.
- Il se sentira coupable des échecs.

Vous compromettez ses relations avec vous

et avec votre ex-conjoint, mais aussi, et surtout, son équilibre affectif et ses repères. Il faut lui permettre de rester loyal envers chacun de ses parents, sans instrumentaliser les relations.

PRÉSERVEZ VOS ENFANTS DES CONFLITS AVEC VOTRE EX !

Rien n'est plus dommageable, dans un divorce ou une séparation, que de tenter de tirailler l'enfant entre les deux parents, et de lui attribuer des rôles qu'il ne peut pas assumer (l'intermédiaire entre vous et votre ex). C'est potentiellement destructeur et fera des ravages à long terme.

Faites appel à un médiateur familial si nécessaire, pour apaiser les relations et œuvrer dans l'intérêt de tous.

À RETENIR

Ne faites pas de votre enfant un instrument dans vos relations avec votre ex. Réglez vos différends directement entre adultes.

Papa/maman a besoin de toi.

Les parents sont responsables de l'état émotionnel et du bien-être de leur enfant et non l'inverse.

L'enfant ne peut pas être projeté soudainement dans un rôle qui le dépasse totalement. La prise en charge psychologique d'un adulte par un enfant est tout simplement impossible.

Si vous traversez de grandes difficultés provoquées par un événement de vie (maladie, décès, divorce), tournez-vous vers d'autres adultes ou vers des spécialistes pour bénéficier d'un soutien.

L'ENFANT N'EST PAS UN SUBSTITUT DE CONJOINT

Il faut lui laisser vivre sa vie d'enfant, tout en lui expliquant les difficultés. Ne changez pas les rôles, respectez son statut d'enfant, ses besoins d'insouciance et de jeu.

Vous devez, avant tout, lui expliquer avec des mots simples, adaptés à son niveau, ce qui se passe, sans faire peser sur lui la responsabilité de votre mieux-être. Les relations parent-enfant ne sont pas symétriques.

AIDEZ VOTRE ENFANT À COMPRENDRE AU MIEUX LA SITUATION ET À VERBALISER

Lors d'épreuves de vie, la souffrance d'un parent affecte l'enfant. Même si vous ne le demandez pas, votre enfant peut vouloir vous « protéger », en contenant ses propres émotions.

Dans ce cas, il est souvent plus facile pour un enfant de s'exprimer face à une personne neutre. **Si vous voyez que votre enfant souffre et qu'il ne parle pas, ayez recours à une aide extérieure.** La prise en charge précoce évite d'entrer dans des mécanismes relationnels problématiques.

Occupe-toi de maman/papa !

Ne l'enfermez pas dans une mission impossible.

Il est possible au cours d'une vie d'être confronté à la maladie, au deuil, à la solitude et d'avoir besoin de l'assistance d'autrui.

VOTRE ENFANT N'EST PAS VOTRE PARENT

L'aide ne doit pas provenir de votre enfant, ne confondez pas les rôles ! Cette situation freinerait son autonomie et le placerait dans un lien de dépendance affective dangereuse pour son équilibre.

Il ne faut pas « parentifier » votre enfant. L'enfant projeté dans un rôle de parent éprouve de forts sentiments de culpabilité et a souvent une mauvaise estime de soi face à ces responsabilités démesurées.

UNE RESPONSABILISATION LIMITÉE ET PROGRESSIVE

Si vous avez simplement besoin que votre enfant s'autonomise sur certaines tâches simples qui peuvent vous soulager, faites-le progressivement, en montrant d'abord comment on effectue la tâche, puis en lui proposant de s'y engager avec votre soutien actif, que vous retirerez progressivement, en l'encourageant et en le récompensant dans l'exécution.

- **Cette technique pédagogique, qui s'appelle l'étayage,** est très efficace pour les apprentissages divers.
- **L'enfant qui bénéficie du soutien et du guidage d'un adulte expérimenté** apprend par imitation, au fil des interactions.
- **Il peut ainsi développer des compétences,** évaluer progressivement sa performance et devenir rapidement autonome.

MON AVIS

Cet investissement minimal de votre temps sera très bénéfique à long terme, car votre enfant prendra des responsabilités à la mesure de son âge. Les relations avec votre enfant n'en seront que plus riches car construites dans l'interaction.

RÈGLE 50

Veille sur ta sœur/ ton frère !

Votre enfant doit rester dans une position d'enfant.

Votre enfant ne doit pas être projeté dans un rôle d'adulte. **La seule personne qui doit veiller sur la fratrie, c'est vous.**

S'occuper d'un frère ou d'une sœur plus jeune semble valorisant, mais votre enfant (c'est souvent l'aîné à qui l'on attribue cette tâche) n'a pas les compétences pour cela. La pression est trop importante, les responsabilités trop lourdes.

Apprenez à déléguer des tâches spécifiques. Faites-le en tenant compte du niveau de développement de votre enfant. Responsabilisez-le sans le submerger.

Vous pouvez, par exemple, proposer à un aîné de guider un enfant plus jeune dans un jeu ou un apprentissage, en votre présence, de collaborer sur une tâche simple, en fournissant de l'aide si nécessaire.

Les auteurs

Lisa Letessier est psychologue clinicienne et directrice du cabinet Ennéade. Elle est membre de l'AFTCC, membre actif de l'Association pour le développement de la mindfulness, membre de l'association EMDR France. Elle a participé à l'ouvrage *Bien choisir sa psychothérapie*, sous la direction de S. et P. Angel, aux éditions Larousse. Elle est l'auteur de la *Rupture amoureuse*, aux éditions Odile Jacob (2014).

Natacha Deery est psychologue clinicienne, membre de l'association EMDR France. Elle travaille au sein du cabinet Ennéade.

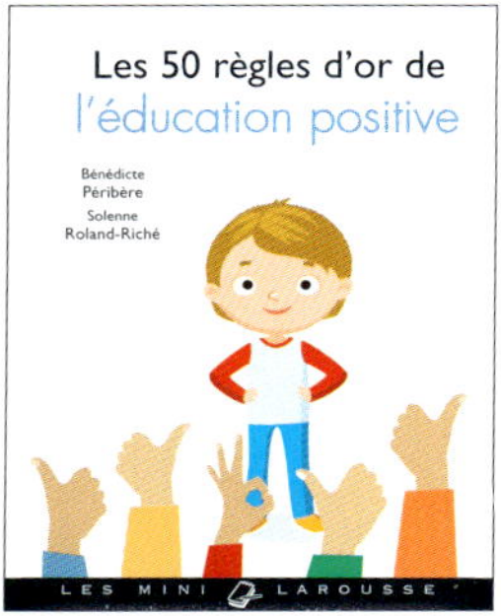
Les 50 règles d'or de
l'éducation positive
Bénédicte
Péribère
Solenne
Roland-Riché
LES MINI LAROUSSE

Les 50 règles d'or pour
se faire obéir
sans s'énerver
Dr Gilles-Marie Valet
LES MINI LAROUSSE

Les 50 règles d'or
des devoirs
à la maison
Pour aider votre enfant à réussir
Clémence
Roux de Luze
LES MINI LAROUSSE

Les 50 règles d'or des
relations
parents-enfants
Christiane
de Beaurepaire
LES MINI LAROUSSE